LINA BOFF

MARIA NO MOVIMENTO DO ESPÍRITO SANTO
em perspectiva evangelizadora pastoral

Coleção Escola de Maria
2

EDITORA
SANTUÁRIO

Direção editorial:
Pe. Fábio Evaristo R. Silva, C.Ss.R.

Conselho editorial:
Ferdinando Mancilio, C.Ss.R.
Gilberto Paiva, C.Ss.R.
José Uilson Inácio Soares Júnior, C.Ss.R.
Marcelo da Rosa Magalhães, C.Ss.R.
Mauro Vilela, C.Ss.R.
Victor Hugo Lapenta, C.Ss.R.

Coordenação editorial:
Ana Lúcia de Castro Leite

Copidesque:
Bruna Vieira da Silva

Diagramação:
Bruno Olivoto

Capa:
Núcleo de Criação do Santuário Nacional

Dados Internacionais de Catalogação na Publicação (CIP) de acordo com ISBD

B673m	Boff, Lina
	Maria no movimento do Espírito Santo: em perspectiva evangelizadora pastoral / Lina Boff. - Aparecida, SP : Editora Santuário, 2020.
	48 p. ; 14cm x 21cm.
	Inclui bibliografia e índice.
	ISBN: 978-85-369-0620-1
	1. Cristianismo. 2. Maria. 3. Espírito Santo. I. Título.
2019-2113	CDD 240
	CDU 24

Elaborado por Vagner Rodolfo da Silva - CRB-8/9410

Índice para catálogo sistemático:
1. Cristianismo 240
2. Cristianismo 24

1ª impressão

Todos os direitos reservados à **EDITORA SANTUÁRIO** – 2020

Rua Pe. Claro Monteiro, 342 – 12570-000 – Aparecida-SP
Tel.: 12 3104-2000 – Televendas: 0800 - 16 00 04
www.editorasantuario.com.br
vendas@editorasantuario.com.br

INTRODUÇÃO

No contexto em que vamos aprofundar e refletir Maria, que se movimenta ao ser interpelada pelo Espírito Santo, entendemos que dar uma conotação da palavra Movimento possa conduzir nosso estudo dentro de seu eixo estrutural e centralizar nosso discurso.

A reflexão teológico-mariana apresenta uma forte vertente bíblica para a elaboração de qualquer ponto da Mariologia. Por esse motivo, a presente reflexão tem como fundamento a Palavra da Sagrada Escritura. Nesse sentido, partimos dos Evangelhos da Infância de Mateus e de Lucas, tomando as citações que nos pareceram significativas e referentes ao Espírito Santo.

1. MARIA NO MOVIMENTO DO ESPÍRITO EM MATEUS

O primeiro ato do Espírito enviado pelo Pai que coloca em movimento uma Mulher, Maria de Nazaré, a jovem da Galileia, é narrado pela genealogia de Mateus. Estamos na terceira geração da dinastia davídica. Consideramos que Mateus faz uma salutar interrupção em sua genealogia, que pretende explicar a origem humana de Jesus a sua comunidade.

> Depois do exílio da Babilônia,
> Jeconias gerou Salatiel,
> Salatiel gerou Zorababel,
> ... Eliud gerou Eleazar,
> Eleazar gerou Matã,
> Matão gerou Jacó,
> Jacó gerou José, o esposo de Maria,
> da qual nasceu Jesus chamado Cristo (Mt 1,12-13.15-16).

Essa nova genealogia é gerada pelo Espírito que desce em Maria e dá início a um novo movimento, tanto nela como no povo e nas pessoas que chamaram a atenção dos quatro evangelistas e de suas comunidades.

1. O protagonismo do Espírito nessa genealogia

A relevância da brusca interrupção de Mateus e sua Comunidade de fé, ao narrar a origem de Jesus, para provar sua descendência humana na história de um povo é revolucionária e movimentada pela aceitação de Maria, que permite ao Espírito Santo alterar as circunstâncias do povo em expectativa messiânica. Esse evento se dá por sua aceitação incondicional e consciente, dada por seu SIM, para ser a mãe do Filho de Deus (cf. Lc 2,36-38).

É revolucionária também do ponto de vista da estrutura da Antiga Aliança, sobre a qual se institui a Nova Aliança, pelo movimento de uma mulher que atende às interpelações do Espírito. A História da Salvação passa a ser lida e interpretada em uma ótica inclusiva, mulher e homem pertencem à Nova Aliança no movimento ascendente do Espírito que interpela e move brandamente a mãe do Messias como mãe da humanidade.

2. O protagonismo do Espírito em José

O fato acontecido com Maria chega ao noivo José, que encontramos em uma narrativa que fala da dúvida levantada por ele sendo esclarecida com o argumento do próprio Espírito em sonho. Jesus vem dentro da história humana do povo de Israel. Quando chegamos à perícope em que José assume a paternidade legal do Filho de Deus, Mateus narra a primeira etapa a ser seguida por José:

> O nascimento de Jesus o Messias aconteceu assim: sua mãe Maria estava prometida a José e antes do matrimônio engravidou por obra do Espírito Santo (Mt 1,18).

Nessa narrativa encontram-se caminhos e descaminhos pelos quais passou o Filho de Deus para chegar até nós. E passa a falar do segundo passo que compete ao pai adotivo do Filho de Deus. Em sonho, o Anjo do Senhor o encoraja:

> José, filho de Davi, não tenhas medo de acolher Maria como tua esposa, pois o que ela concebeu é obra do Espírito Santo (Mt 1,18).

O Anjo do Senhor, nesse contexto, é o símbolo da dinâmica que o Espírito imprime ao processo que se está revelando ao casal. Como símbolo, vem do mundo desconhecido, vem do mistério que convida a transcender a esfera da pura racionalidade histórica e cultural religiosa para além dos sentidos.

O que dizer diante do silêncio que as fontes canônicas fazem do conhecido e invocado homem justo? O silêncio de José vem carregado de uma significação coberta pelo Espírito que toma a direção de sua vida. Como esposo de Maria, está envolvido com o Espírito que o impulsiona a movimentar-se. E a narrativa de Mateus se conclui com a citação do profeta Isaías:

> Eis que a virgem conceberá e dará à luz um filho e o chamarão com o nome de Emanuel (Is 7,14).

As Escrituras cumprem-se em Jesus. Ele mesmo declara que as Escrituras falam dele. Era esse um dos critérios que orientava a missão dos profetas e hoje da nossa fé e do magistério eclesial.

Para concluir esta breve reflexão podemos nos perguntar o que perceber do movimento do Espírito nessas duas breves citações referentes a Maria e a seu esposo José? Antes de tudo, percebemos a adesão de Maria ao Projeto do Pai, que envia o Espírito para mudar a História da humanidade e, para tanto, pede o consentimento de uma mulher que aceita o que vem de Deus e o que vem da história humana de seu povo.

Percebemos a brusca interrupção da descendência davídica, pois essa interrupção confirma o movimento ascendente do Espírito que imprime o selo mariano do feminino em cada ação evangelizadora pastoral da nossa prática da fé. Finalmente, vemos irromper a fé incondicional de José e a aceitação de deixar-se envolver pelo mistério, indo ao encontro da harmonia primordial que exige a participação da criatura humana.

A seguir, percebemos a direção que José toma ao aceitar a gravidez de um filho que não era dele, mas concebido pelo Espírito Santo, que o precede. Ele entendeu o Projeto do Pai que desde sempre criou todas as coisas, revelando-se na história por seu Espírito.

2. MARIA NO MOVIMENTO DO ESPÍRITO EM LUCAS

Como bom grego, Lucas tinha uma fonte própria de pesquisa para fundamentar o que narrava sobre a pregação e a prática de Jesus no Novo Testamento. Trata-se de evidenciar as alusões veterotestamentárias que falam da densidade simbólica das narrativas e inspiraram as primeiras comunidades de fé na interpretação do movimento do Espírito nos profetas e nas mulheres do Antigo Testamento.

Quando Davi queria construir um templo de cedro a Javé com madeira nobre do Oriente, o profeta Natã, movido pelo Espírito, mostra ao rei que aquele que vem para restabelecer a justiça e o direito continuará habitando na tenda e no meio de seu povo (cf. 2Sm 7,1+). Maria é símbolo dessa tenda que confirma a presença do Espírito de Javé que se movimenta juntamente com o povo, habitando no meio dele. Enquanto reis criam um ambiente que coloca o povo em meio às disputas pelo poder, o povo busca o caminho, a força criadora e fecundante do Espírito pelo direito e pela justiça (cf. Is 9,6).

Na ocasião em que Ozias, rei de Judá, conseguiu livrar-se de Holofernes pela coragem de Judite, ele faz esta oração diante do povo:

Bendita sejas, filha do Deus Altíssimo, mais que todas as mulheres da terra e bendito seja o Senhor Deus, Criador do céu e da terra. ... Jamais tua confiança se afastará do coração do povo ... Vieste em socorro de nosso abatimento, caminhando retamente, diante de nosso Deus. E todo o povo respondeu: Amém! Amém!

Maria aceita o risco de dar um SIM a um Projeto que atinge o movimento que se dá na direção do infinito do Espírito de Javé. Confia, porém, na Palavra que ouviu do próprio Deus que adorava, mas que vinha a ela na **sombra do Espírito** que tudo determina, o Espírito que impulsiona para a doação de uma mulher que age sem medo de alterar a expectativa messiânica de um povo inteiro.

Apresentamos aqui apenas dois exemplos do movimento que o Espírito leva cada pessoa a fazer em relação ao chamado do Senhor no Antigo Testamento: a preocupação de Davi de construir um Templo digno de Javé, segundo ele, enquanto Javé quer estar na tenda de seu povo; e a oração de um outro rei, Ozias, que louva a Deus na pessoa de uma mulher, oração de agradecimento por sua coragem. Esse protagonismo feminino continua no Novo Testamento, a começar por Maria de Nazaré.

1. O Espírito cobre a jovem de Nazaré

A citação de 1,35 de Lucas é precedida pelo diálogo do Anjo com Maria, que se delonga em saber como tudo isso é possível. Temos aí todo o relato da Anunciação. A revelação divina, que se dá pela voz do Anjo, abre-nos o campo da cristologia encarnada.

A carne de Maria se faz morada do Espírito Santo para gerar um Deus, Filho de Deus, que vem morar conosco para nos mostrar o rosto do Pai e nos reconciliar com Ele. Diante desse diálogo da jovem com o Anjo, esse lhe diz com firmeza:

> O Espírito Santo virá sobre ti e o poder do Altíssimo te cobrirá com sua sombra. O Santo que nascer de ti será chamado Filho do Altíssimo, Filho de Deus (Lc 1,35).

A sombra é, por um lado, o que se opõe à luz e, por outro, é a própria realidade infinita que esconde o mistério inefável de um fato. Essa sombra é a Pessoa do Espírito que envolve a jovem da Galileia. É o Espírito que mantém as relações de Maria com a Trindade e com seu povo, que se encontra em atitude de expectação pelo Messias.

No Mistério da Encarnação, movimenta-se o Espírito para cobrir Maria que abre a plenitude dos tempos (cf. Gl 4,4). Ela se torna o lugar de onde parte o movimento do Espírito em direção à realidade suprema do Pai. É um movimento do interior para o exterior, do não manifestado para o manifestado, do eterno para o temporal. A jovem mãe é o movimento de junção entre o Céu e a Terra.

A manifestação do movimento do Espírito em Maria e a presença de Maria nesse movimento se dá em nossa prática evangelizadora e na prática pastoral de nossas Comunidades de Fé, muito bem explicitado na Segunda Parte do Documento de Puebla, quando os bispos falam da evangelização do povo em nosso extenso Continente, no parágrafo 301:

Deus se fez carne por meio de Maria, começou a fazer parte de um povo, constituiu o centro da história. Ela é o ponto de união entre o céu e a terra. Sem Maria desencarna-se o Evangelho, desfigura-se e transforma-se em ideologia, em racionalismo espiritualista (DP 301).

2. O Espírito movimenta o casal de Nazaré

Maria e José apresentam Jesus a Deus Pai no Templo (cf. Lc 2,26-27). O Filho de Deus é apresentado no Templo para a circuncisão como manda a lei. Por essa ocasião, Maria imprime o selo do movimento do Espírito Santo nesse lugar sagrado e religioso. O protagonismo do Espírito expressa-se nas palavras de Simeão, o homem justo e temente a Deus, que toma o Menino em seus braços, movido pelo Espírito e proclama:

> Agora, Senhor, podeis deixar vosso filho ir em paz, porque meus olhos viram vossa salvação que preparastes ante a face de todos os povos. Luz para iluminar as nações e glória de Israel, vosso povo (Lc 2,29-32).

Em tal contexto, o Espírito deflagra uma sucessão de pequenos fatos nos quais encontramos a mobilidade de Simeão que fala movido pelo Espírito, o anúncio da profetisa Ana que fala do Menino a todas as pessoas que se encontravam no Templo e o olhar admirado das pessoas que lá estavam.

A interpretação que as pessoas estudiosas fazem dessa narrativa é que Maria e José apresentam Jesus no Templo não só para consagrá-lo ao Senhor, mas como ato de anúncio de alegria e também de purificação de todo o povo de Israel para bem receber esse anúncio de júbilo.

Não só, mas também como prenúncio de que o Menino nascido em Belém, crescendo e se desenvolvendo em Nazaré, antecipa todo o mistério de sua vida terrena, que passa por sua pregação do Reino, pela paixão e pela morte para irromper na Vida plena do Espírito do Pai que o ressuscita. O mesmo Espírito que movimenta o Filho de Deus na sombra da morte se faz presente nas primeiras Comunidades que se movimentam para anunciar o Espírito que ressuscitou Jesus.

Esses fatos querem ser um ensinamento para nós, sobre o silencioso e, ao mesmo tempo, grandioso mistério que envolve o Espírito que moveu o casal da pequena Nazaré: Simeão, que louvou ter em seus braços aquele que devia trazer a libertação de seu povo antes de morrer, e Ana, a viúva que se dedicava à oração e ao serviço do Templo e que falava do Menino a todas as pessoas que no Templo se encontravam.

3. O Espírito desconhece a lentidão

Dinamizada pelo Espírito, Maria programa uma visita a Isabel e parte com sua comitiva às montanhas, em direção a *Ein Kerem*. Ela leva a primeira semente de Igreja, que passa pela participação de Maria com seu filho ao pé da cruz e se completa com o Pentecostes do Ressuscitado. Maria e a Igreja concebem do mesmo Espírito, sem excluir a grandeza da maternidade humana.

Maria dirige-se às montanhas de Judá, imediatamente, após haver recebido a notícia dada pelo Anjo de que Isabel estava grávida. Parece não haver tempo de pensar como deveria fazer aquela viagem, com quem a faria, se só com a família com quem habitava ou com alguém de sua vizinhança.

No entanto, Maria, por meio dessa sua atitude desenvolta e consciente, faz-nos entrever a "lei da sacramentalidade"[1], que ela representa ao se tornar lugar do Espírito, para que Jesus tome dela sua carne e a natureza humana e divina.

Com a Encarnação, Maria torna-se um sacramental que revela e, ao mesmo tempo, esconde o Verbo de Deus feito homem porque esse é o Sacramento do Pai. Foi assim que ela se apresentou a Isabel que, iluminada pelo Espírito, percebe nela a presença do Senhor. E o encontro de Maria com Isabel assim se deu:

> Maria entrou na casa de Zacarias e saudou Isabel. Quando Isabel ouviu a saudação de Maria, a criança lhe estremeceu no ventre e Isabel ficou repleta do Espírito Santo. Com um grande grito, exclamou: Bendita és tu entre as mulheres e bendito o fruto do teu ventre. Donde me vem que a Mãe de meu Senhor me visite? (Lc 1,39-42).

A mãe do Verbo encarnado reveste um caráter de sacramentalidade, 'tipo da mulher' que realiza de imediato, cada dia, o Projeto do Pai para o qual foi chamada, e o faz sem perda de tempo. Esse é marcado pelas vicissitudes de sua vida, que é vista como uma *peregrinação na fé* (cf. LG 58). Maria sobe e desce montanhas, levada pelo impulso interior de seu júbilo e de sua alegria, vindos do movimento que faz para levar solidariedade a sua prima. Pois, o impulso do Espírito a leva a desencadear uma série de fatos que só o Espírito Santo consegue abrir as pessoas à novidade trazida pelo Senhor da vida.

E logo se verá a manifestação imediata dos benefícios da chegada de Maria e da presença do Senhor que traz consigo (cf. Lc 1,46-55), ao ouvir da voz de mulher que grita a chegada da mãe do Messias esperado. Ainda que a maternidade de Maria seja precedida pelas tantas maternidades das grandes matriarcas do Antigo Testamento, a maternidade humana e divina da jovem de Nazaré é única.

4. A mulher Maria ouviu a voz da mulher Isabel[2]

É importante notar nessa passagem a precisão com que Lucas narra os momentos do encontro e dos movimentos sucessivos dessas duas mulheres: Isabel foi a primeira a ouvir a voz de Maria e, ao mesmo tempo, acompanhou os movimentos da criança que trazia em seu seio.

Nesse movimento da cena do encontro entre Maria e Isabel, descobre-se, por meio da pureza das formas, a experiência de um Deus presente capaz de fazer-se sentir e reconhecer sem trombetas, sem insígnias e sem os ritos que davam pompa na alternância às cenas do Templo. Maria e Isabel são religiosamente pouco evidentes defronte ao aparato oficial hebraico. Como mulheres, encontram-se à margem da sociedade daquele tempo. A não visibilidade das duas é condição de serem elas privilegiadas testemunhas e guardiãs do Deus feito carne, que vem no silêncio e fora das estruturas religiosas e civis da época.

Esse gerar a vida que a maternidade torna visível é o sinal de uma chamada universal a exercermos a maternidade e a paternidade da reconciliação entre o homem e a mulher na ordem da graça. Temos nesse encontro de Maria com Isabel a primeira e grande explosão missionária de duas mulheres que realizam o Plano salvífico do Pai, cada uma segundo sua missão e seu ser mulher. As duas mulheres profetizam sob a inspiração do mesmo Espírito que habita em seus filhos e ambas se deixam envolver pelo movimento do Espírito que é *dynamis*, isto é, movimento dinâmico e *exousia, potencial e poder-serviço*.

A saudação de Maria a Isabel soa como uma comunicação do mistério da Encarnação que só Maria conhecia. Deve-se reconhecer que toda a narrativa de Lucas 1,39-45 tem um caráter eminentemente cristológico e, ao mesmo tempo, antropológico mariano. O movimento do Espírito referente ao encontro de Maria e Isabel é a exaltação do gratuito. Entre elas, realiza-se a economia do dom, faz-se presente a lógica do amor à vida, começa o espaço em que entram e se fazem presentes a justiça e o direito para todos os povos.

De mulher para mulher, a bênção que as duas se intercambiaram não pode deixar de derramar-se sobre o povo fiel. É uma constante antropológica a relação de mulher com a vida e, no caso de Maria, enquanto mulher é a *Palavra* de Deus mesmo que se faz constante antropológica pela Encarnação.

Para compreender o movimento do Espírito no encontro entre Maria e Isabel precisa sair do tempo e do espaço marcados pelo poder e pela contradição. Para se estar bem com Maria e Isabel precisa sair do tempo caracterizado pela pressa, pelo mau humor, pelo muito que fazer, para poder pronunciar palavras densas de sentido, livres e carregadas de eternidade.

Essa atitude nos envia à realização do chamado como povo de Deus, que coloca no processo de evangelização a prática pastoral adequada a cada tempo e a cada contexto histórico, cultural e religioso.

Por isso podemos falar de Maria como filha da estirpe de Adão (LG 53) (e Eva) como a ilustre Filha de Sião (LG 55), como membro eminente da Igreja e como Mãe da Igreja no discurso de Paulo VI, ao proclamar oficialmente o capítulo oitavo da *Lumen gentium*, em seu discurso que o leva à comoção.

5. Maria, a mulher leiga no movimento do Espírito

Os Atos dos Apóstolos mencionam a presença de Maria juntamente com as outras mulheres na comunidade de fé à espera de Pentecostes. É importante ter presente esse dado para compreender o sentido da presença de Maria no nascimento da Igreja com a primeiríssima Comunidade de fé, a partir do conjunto do Novo Testamento e seu testemunho ao longo da história. Nessa ótica, o elemento que melhor nos sugere o sentido dessa presença é a relação de Maria com o Espírito Santo e a Comunidade Nascente de Jerusalém.

Maria tem que estar presente no dia de Pentecostes e explica-se por quê: em primeiro lugar, para confirmar sua experiência do Espírito vivida já na Encarnação; em segundo lugar, para receber do mesmo Espírito a missão de estender o *Corpo* de Jesus que se faz comunidade de forma mais ampla; e, em terceiro lugar, para anunciar um Deus encarnado que começa um novo jeito de se relacionar e se revelar à humanidade até o fim dos tempos pelo impulso do Espírito.

Nesse contexto, **enfatiza-se a função materna de Maria na Igreja-Povo à luz da ação do Espírito.** Movimentada pelo Espírito Santo que a coloca como Mãe e inspiração da Igreja-Povo na ordem da graça, **Maria torna-se ícone de participação das funções salvíficas de Cristo.** Tal missão é dada a todas as pessoas batizadas e que participam da Igreja fundada pelo Espírito Santo.

No âmbito dessa concepção, evidencia-se o **múnus sacerdotal** dos leigos e leigas que se realiza sob a inspiração do sacerdócio espiritual de Maria que ofereceu seu corpo (cf. Alfonso Langella, In Dizionário di Mariologia, a cura di, p. 1.141) como hóstia viva, santa e agradável a Deus, como culto espiritual (cf. Rm 12,1), durante sua vida toda e ao pé da cruz. Esse movimento do Espírito em direção à interpelação do Espírito manifesta em Maria a realização do Plano de salvação do Pai (cf. Lc 1,35).

Assim considerado, **Maria participa do sacerdócio régio de Cristo por ser membro da Igreja** que toma parte na comunhão dos apóstolos à espera do Espírito Santo em Pentecostes. Esse mesmo Espírito a tornou ícone do *cristifideles,* caráter batismal pelo qual é incorporada nas funções salvíficas de Cristo.

A função do múnus profético do Povo de Deus também manifesta uma das principais atividades do Espírito de Deus, que falou pela boca dos profetas e profetisas, colocando em movimento as mulheres do Antigo Testamento, e vem prefigurado em Maria no Magnificat proclamado por ela em ação de graças. Nesse Cântico, Maria anuncia as maravilhas realizadas pelo Senhor em favor de seu povo e denuncia as pessoas de coração endurecido e indiferentes ao movimento do Espírito, que clama por mais vida e abertura a este movimento no interior de cada pessoa. Grita por mais vida e abertura para a prática evangelizadora e pastoral de todos nós.

A função do múnus real de Cristo pela qual vencem o pecado e o mal e participam da liberdade dos filhos e filhas de Deus se opõe ao serviço do mundo que, *imbuído pelo Espírito de Cristo* (LG 36) que se distingue no serviço concreto, encontra em Maria seu protótipo. Tendo sido a primeira preservada do pecado e, portanto, a primeira redimida, participa da comunhão dos santos e santas. "A maternidade espiritual de Maria é participação do poder do Espírito Santo que dá a Vida" (João Paulo II em Fátima, 1981). Desse modo os fiéis impregnam de valor moral, ético e de santidade as atividades temporais da sociedade e das instituições.

O laicato do qual Maria é membro abre-se, portanto, ao movimento do Espírito que rege a intercessão do povo, por intermédio de Maria, em favor de todas as pessoas que peregrinam por este mundo, em tempos cheios de vicissitudes e sombras.

As três funções, *sacerdotal, profética e real de Cristo,* são exercidas por nós, batizados e batizadas, nos vários ministérios que o Espírito doa a cada membro da Igreja para o serviço da comunidade e do mundo. Nossa função de leigos e leigas procura impregnar de valores o lugar e a sociedade da qual fazemos parte. É dessa concepção que irrompem o culto, a intercessão, a dedicação e os pedidos devotos que os fiéis fazem à Mãe de Deus, à Mãe da humanidade, "para que ela, que com suas preces participou das primícias da Igreja, o faça também em nossos tempos... **e interceda junto a seu Filho em favor de todos os povos da terra**. **Assim, congregados na paz e na concórdia do Povo de Deus, estaremos dando glórias à Santíssima e Inefável Trindade do Pai e do Filho e do Espírito Santo**" (cf. LG 68).

Finalmente, Maria é envolvida pelo Espírito Santo e é dócil às interpelações que o Espírito lhe faz. Ela responde a cada uma dessas interpelações **como mulher leiga** de seu tempo. Mas continua sendo inspiração e exemplo para todos e todas no exercício das funções deixadas por seu Filho em sua missão de atuar na Igreja e implantar o Reino pregado por Jesus até os confins da terra (cf. At 1,8). Pode-se concluir este parágrafo afirmando que...

A multiplicação de ministérios que irrompe e coloca em movimento a Igreja de todos os tempos, mas sobretudo nesse em que vivemos, denota o movimento do Espírito em direção ao laicato dentro do qual se encontra a filha de Eva, a predileta do Pai de quem a Igreja proclama o múnus subordinado que exerce como mulher leiga. Mulheres e homens, movimentados e encorajados por esse mesmo Espírito e essa firme prática de **Maria como participante do sacerdócio profético, sacerdotal e régio de Cristo,** possamos evangelizar também nós e "**apresentar Maria como a mulher que com sua ação favoreceu a fé da comunidade apostólica em Cristo e cuja função materna se dilatou, vindo a assumir no Calvário, dimensões universais**" (MC 37).

3. UM JEITO MARIANO DE EVANGELIZAR

A sensibilidade evangelizadora do nosso Papa apresenta-se sob vários e criativos aspectos do processo evangelizador, presentes no Documento magisterial – *Evangelii Gaudium*. É um texto que pede ser lido e relido para descobrirmos em que direção deverá caminhar o Povo de Deus nos anos que seguem a este nosso tempo.

Quando foi publicada a Exortação Apostólica *O Evangelho da Alegria*, ao terminar seu ensinamento, o papa Francisco dedicou vários parágrafos a *Maria como Mãe da Evangelização*, com uma longa oração que fecha sua palavra de pastor.

Mas nosso objetivo é apresentar o alcance teológico-evangelizador das expressões e afirmações que o Papa faz de Maria evangelizadora dos parágrafos 284 a 288, que se concluem com uma oração bastante inspiradora para a mulher e para todos os jovens e homens de hoje. Se observarmos bem, toda a *EG* é de natureza evangelizadora.

Por esse motivo, achamos por bem apresentar aspectos dos diversos modos com que os parágrafos citados acima podem ser vistos e considerados em seu ângulo evangelizador, no contexto e no momento em que a Igreja é convocada a ser agente de evangelização.

1. O Espírito que desce em Maria movimenta a evangelização pastoral

No contexto de seu documento, o papa Francisco atribui a Maria, *A Mãe da evangelização*, os aspectos que seguem abaixo:

– mulher que se aproxima e fica junto ao povo;
– geradora da Nova Criação porque gera filhos e filhas ao pé da Cruz;
– habita em cada pessoa, ultrapassando os tempos;
– transformadora de situações complexas: faz de um curral uma casa acolhedora;
– atenta às necessidades humanas até o ponto de não deixar faltar o vinho;
– olhada por todas as pessoas nas intensas romarias;
– anuncia a Palavra pelo fato de movimentar-se;
– criadora de um estilo de evangelizar pela ternura e pelo afeto;
– Sai às pressas ao encontro de Isabel;
– Incultura-se desde o México ao Chuí.

Cada um desses aspectos é visto de um ângulo próprio e articulado com nossa realidade latino-americana e caribenha, o que significa dizer que tudo aquilo que aqui apresentamos como reflexão sobre a evangelização está em processo e pode ser interpretado de outras formas também.

2. Maria é próxima de cada pessoa

Maria está e fica junto ao povo. Ela não está sozinha, mas com o Espírito Santo, fazendo o movimento do Espírito. Por estar em companhia do Dinamizador de todas as coisas e de toda a história, envolve-se com o povo, com os acontecimentos concretos e existenciais de cada pessoa e de toda a realidade que a circunda.

A iconografia cristã apresenta Maria no centro da reunião dos apóstolos aguardando o Consolador no dia de Pentecostes. O documento avança dizendo que era ela que os reunia para a oração, o que tornou possível a explosão missionária que criou a Igreja de Jesus Cristo. Sem a atuação de Maria nessa explosão não se pode compreender cabalmente o espírito da nova evangelização (284). Por isso, ela é a mulher evangelizadora que atinge o ponto mais alto da Nova Criação ao pé da Cruz, quando sua participação ao Mistério Pascal adquire uma dimensão universal.

Maria fica junto ao povo no sentido de estar no meio dele, tornando-se povo com seu povo e permanecendo atenta às moções do Espírito Santo, seu Companheiro de evangelização, para assegurar a esse povo a presença do Cristo Vivente para o qual aponta. Ela se faz povo, ela se torna povo; e é membro deste povo, a partir de sua presença em meio às mil culturas nas quais ela é conhecida e invocada.

Em tal contexto, Maria é nomeada membro e Mãe dos filhos e filhas da Igreja para a cátedra da Maternidade, continuada em todas as mulheres, e para a cátedra da partilha nas vicissitudes de cada povo que recebeu a evangelização de acordo com sua identidade cultural e histórica.

Atribui-se a ela, neste ponto, o claro aspecto da Igreja em saída de suas sacristias e de seus seculares modos de

fazer uma evangelização que não deixa o povo crescer segundo a vocação recebida no batismo. Maria se movimenta para uma Igreja em saída para nossas periferias, desinstalando-se de seu estilo de evangelizar para realizar uma nova prática que saia de seu modo conservador e acomodado. Essa frase nos impulsiona a reconhecer em Maria de Nazaré sua vocação de que foi uma mulher que provocou não só um novo método evangelizador, mas vários modos de estar junto ao povo.

Ela está no meio do povo com o Espírito Santo (284), não está sozinha. Leva a Trindade consigo e coloca em ação a Terceira Pessoa da Família divina, o Espírito Santo do Ressuscitado para unir, reunir e movimentar a humanidade toda, a fim de que a explosão missionária seja dada até os confins da terra. Sem este transfundo não dá para assimilar que Maria de Nazaré seja a evangelizadora que gera filhos e filhas para a Igreja, o que a torna Mãe dessa mesma Igreja.

Os aspectos do processo de evangelização que emergem desta reflexão levam-nos a falar da proximidade no sentido de movimento sempre presente junto ao povo; Maria se movimenta também a uma abertura para a universalidade da fé quando, ao pé da cruz, gera filhos e filhas para a Igreja com suas dores e sua aceitação; outro aspecto que podemos levar em conta é o da mobilidade que nos leva a criar novas formas de evangelização. Por fim, um aspecto que emerge com força evangelizadora é o do movimento do Espírito que Maria leva para a explosão missionária de cada Pentecostes que se dá na Igreja de hoje e de todos os tempos.

3. Geradora do autor da Nova Criação

Gera filhos e filhas ao pé da Cruz. Quando Paulo escreve aos Gálatas em seu capítulo 4, especificamente, referindo-nos ao verso 4: "Quando porém, chegou a plenitude do tempo, enviou Deus seu Filho, nascido de uma mulher..." Essa última expressão *nascido de uma mulher*, sem nomear qual seria essa mulher que nossa fé o sabe e crê, pode ser interpretada como a intenção de Deus de dar continuidade a esse nascimento de seus filhos e filhas em todas as mulheres a partir de Jesus Cristo trazido por Maria.

A Nova Criação trazida por Maria é o discurso referente à criação inicial, à protologia, que percorre todo o caminho da História da Salvação até sua realidade última, a eternidade. A realidade primeira e a realidade última reclamam-se e identificam-se, mediadas pela própria História da Salvação. Em primeiro lugar, Maria está presente na criação inicial, assim como a encarnação é o princípio da evolução do propósito de Deus de fazer com que toda a criação participe de sua vida divina como relação de amor e compartilhe com os seres por Ele plasmados para sua glória (cf. Is 43,7).

Em segundo lugar, deve-se considerar que Maria é a mulher das primícias dessa criação inicial, um ato de puro amor. A dinâmica desse amor que se derrama sobre todos os seres que Ele criou, o qual se dá 'para dentro', por meio da relação entre as Pessoas divinas; e se dá 'para fora', com todos os seres plasmados e plantados neste mundo.

Ao gerar filhos e filhas ao pé da Cruz, Maria nos fala que a determinação divina de plasmar a criação toda é um ato de amor que não se esgota nunca, mas é eterno e sempre originário em sua revelação para cada ser e para todos os seres de modo geral. Esse ato do amor de Deus manifesta-se de maneira deliberada e explícita, ainda que de modo bastante mitológico e figurativo e em toda a Sagrada Escritura.

A encarnação aceita na liberdade pelo SIM de Maria e a plenitude desta são a criação e a escatologia, o caminho por excelência para que toda a história se compreenda e se processe como criação plenificada. Este é o modo como o amor de Deus, revelado em Jesus Cristo, potencializa a maternidade de Maria, que na História da Salvação chega à plenitude com a vinda do Salvador.

Segundo o documento, o papa Francisco cita o nome de algumas mulheres suas seguidoras do tempo dele e que a elas o texto atribui um componente bastante evangelizador. Aproximando essas mulheres com a Estrela da evangelização, as mulheres de hoje continuam evangelizando inspirando-se ou não na mulher que soube dar uma resposta ao problema dos séculos. Ela não parou nos problemas emergentes de todos os povos, mas foi além destes quando deu seu SIM ao Projeto do Pai, que envia seu Filho nascido de uma mulher, por obra do Espírito Santo.

Ela favoreceu nossa fé no Cristo Vivente ao pé da Cruz e sua maternidade se dilatou tanto, vindo a assumir, no calvário, dimensões universais (cf. MC 37).

Como geradora do autor da Nova Criação, o documento coloca-nos, de forma clara, o aspecto evangelizador de Maria como sendo proposta a todas as mulheres e a todos os homens como aquela que foi a primícia da Nova Criação, que gera filhas e filhos novos para a Igreja e para toda a humanidade.

Maria é a serva que não se fechou em sua virgindade, mas diante dela fez uma opção corajosa para gerar liberdade. A profetisa que não duvidou em afirmar que Deus é vingador dos humildes e das pessoas oprimidas. A mulher que conheceu a pobreza, o sofrimento e o exílio, quando teve de fugir para o Egito, gerando um novo estilo de vida para viver como mulher e mãe judia. Enfim, a jovem mãe, discípula do filho que, naturalmente, tem um valor exemplar e permanente de geração em geração (cf. MC 35-36).

Emergem como aspectos evangelizadores três elementos que nos chamam atenção. O primeiro deles é o elemento da continuidade do modo de gerar filhos e filhas de Deus para o Corpo Místico de Cristo sob a inspiração da prática mariana; o segundo elemento é o fato de fé que nos torna pais e mães, espiritualmente abertos à mobilidade do Espírito; e o terceiro **elemento nos leva a criar novos métodos de nos aproximar do povo com a gratuidade do serviço. O retorno ou pagamento desse serviço é e será sempre consequência.**

4. Mestra que ultrapassa os tempos

Maria ultrapassa os tempos de sua morada em nós. A ousadia das palavras com que o papa Francisco atribui a Maria essa ligação com toda a humanidade, que gera filhos e filhas para toda a humanidade, leva-o a citar um padre da Igreja do século XII, o beato Isaac da Estrela, em um de seus sermões: "No tabernáculo do ventre de Maria, Cristo habitou durante nove meses; no tabernáculo da fé da Igreja, permanecerá até o fim do mundo; no conhecimento e no amor da alma fiel, habitará pelos séculos dos séculos" (EG 285). Em tal concepção, Maria torna-se lugar da Palavra anunciada pela Igreja-Povo.

Para o bem-aventurado Isaac, abade do Mosteiro da Estrela, do século XII[3], Maria é figura da Igreja e sua realização se dá nas bodas que Deus realiza com seu povo. O pensamento desse abade apresenta-nos *Maria e a Igreja* em dois pontos fundamentais que inspiram uma espiritualidade de natureza mariológica. Ele fala da inserção de Maria no mistério de Cristo e no mistério da Igreja. A penetração nesse mistério se dá pelo coração e Maria foi chamada de modo especial a dar forma humana ao mistério de Deus enquanto Comunidade divina, por meio da Encarnação. O mistério de Cristo, portanto, tem sua origem em Deus (Cl 2,2-3) e consiste em revelar e, ao mesmo tempo, realizar o Reino, que é, essencialmente, a salvação de todos.

À luz do mistério de Cristo pode-se falar da inserção de Maria no mistério da Igreja, pois Cristo está presente nessa Igreja por meio da vida de seu povo. A Mãe desse povo é Maria, a qual, juntamente com a Igreja, forma uma só Mãe e muitas mães; uma só Virgem e muitas virgens. Maria e a Igreja concebem, virginalmente, do mesmo Espírito, sem excluir a grandeza da maternidade humana.

O aspecto evangelizador evidenciado nesse parágrafo é o de que a Igreja como povo fiel é, como Maria, a seu modo, esposa do Verbo, mãe de Cristo, filha e irmã, virgem e mãe fecunda. A herança do Senhor é seu povo fiel, de modo primacial Maria e, de modo particular, cada pessoa que responde ao chamado de ser filho e filha desta Igreja. Por isso repetimos: "No tabernáculo do seio de Maria, o Cristo habitou durante nove meses; no tabernáculo da fé do povo, habitará até o fim do mundo; e no amor da pessoa fiel, habitará pelos séculos dos séculos".

5. Transformadora de situações complexas

Em Belém, Maria consegue fazer de um curral doméstico de animais uma casa acolhedora para seu filho. É um novo nascimento que se inicia no mundo. O parágrafo 286 diz que, com uns pobres paninhos e uma montanha de ternura, Maria transborda de alegria no louvor.

O nascimento que a mulher de Nazaré nos traz dá forma humana à ação do Espírito de Deus. Aqui está a revelação plena do Deus de Israel. Jesus não nasce do querer da carne, nem do querer humano (cf. Jo 1,13). Nasce do querer de Deus e de um Deus Comunidade de amor.

Esse novo nascimento não exclui a contribuição humana, mas não é somente de tal contribuição que esse nascimento dá início a uma nova vida. É, sobretudo, pela força do Espírito de Deus que o novo nascimento ultrapassa o nível humano para dar início à Nova Criação.

O modo de ser de Deus é pensado a partir da fé de uma mulher do povo, Maria de Nazaré. Esse modo de ser de Deus, que toma forma humana no modo de ser feminino de uma mulher, levanta para a teologia, feita em perspectiva mariológica, a seguinte pergunta: como interpretar, adequadamente, a simbiose do modo de ser feminino dando forma humana ao modo de ser masculino, enquanto os dois modos se expressam em um Deus sob a forma humana?

Uma primeira resposta, nós a encontramos na fé de Maria. Ela é proclamada a *bem-aventurada* porque acreditou. Não fosse a fé desta mulher, o Filho de Deus não teria se encarnado e o projeto salvífico do Pai teria tomado outro rumo. A concepção é feita na fé e a fé nos fala da imagem do amor total e radical de Deus, mesmo na pessoa do filho que se encarna por obra do Espírito Santo.

Uma segunda resposta, nós a encontramos na esperança com que Maria de Nazaré assume um projeto de vida tão complexo e obscuro, quanto à busca humana da vontade do Senhor pelos caminhos tortuosos da vida. No grego neotestamentário, a palavra esperança, *elpís*, que significa antes de tudo o objeto da esperança, a coisa esperada. Esse sentido aproxima-se do significado que se atribui ao verbo *receber*, *acolher*. Foi o que fez Maria no nascimento do Salvador.

Já a palavra grega *apokaradokía* denota a espera ardente, a espera feita quase com impaciência. Aproxima-se mais do sentido de uma espera, até certo ponto angustiosa, defronte aos acontecimentos dolorosos que atingem, diretamente, a vida de um povo cansado de esperar e atingem também as condições da história desse povo e de sua fé na revelação de um Deus mais humano e mais materno e Pai.

O aspecto evangelizador desse novo nascimento dado por Maria se constitui em uma nova situação, porque nessa situação Deus se revela ao povo por meio de Jesus, que nasce de uma mulher. **Criar novas situações para o processo evangelizador de nosso povo é uma necessidade urgente para os nossos dias.** Não é sem fundamento a frase do papa Francisco: Saiamos de nossas Igrejas em direção às periferias humanas. Sem sairmos de nossos postos já bem conhecidos e dominados por nossa mentalidade, nada acontece de novo. É nessa saída que se criam novas situações evangelizadoras dentro das quais irrompe a Nova Criação.

6. Atenta às necessidades humanas

Não deixa faltar o vinho. Maria, pois, "é amiga sempre solícita para que não falte o vinho em nossa vida". Nesse ponto, o documento faz uma conexão bastante ousada ao interpretar sobre o coração de Maria trespassado pela espada, momento no qual Maria compreende todas as nossas penas (cf. 286). Apresenta-se como evangelizadora que se aproxima de nós, para nos acompanhar ao longo da vida, abrindo nosso coração à fé, com seu afeto materno.

Como verdadeira mãe, caminha conosco e aproxima-nos, incessantemente, de todas as necessidades humanas e espirituais do coração de cada pessoa. O evangelista João relata-nos que Maria prepara e participa de uma festa de casamento em Caná da Galileia, festa mais conhecida como *As Bodas de Caná*, na qual Maria vai não só para se divertir, mas para ajudar as outras mulheres a prepararem a festa. O Evangelho de João assim relata: "... Houve um casamento em Caná da Galileia e a Mãe de Jesus estava lá".

As pessoas que estudam mais a fundo a Palavra de Deus, na Bíblia Sagrada, interpretam que o fato de João escrever que "a mãe de Jesus estava lá", quando Jesus chegou com sua turma, os discípulos e amigos que o acompanhavam, pois, eles também tinham sido convidados, quer dizer que Maria já se encontrava naquela casa, onde era preparada a festa de casamento. Quem iria casar, a gente não sabe, só se sabe que havia uma festa de casamento, que é uma das mais bonitas, até os dias de hoje.

Estar lá, antes que Jesus chegasse, é uma indicação de que Maria estava participando dessa festa não só com sua presença de festeira, mas participando na ajuda que, provavelmente, estava dando à família dos noivos, às mulheres que ajudavam na festa e aos convidados mais próximos. A participação de Maria se mostrou de um modo bastante atento e dando-nos a percepção de que havia participado de todos os detalhes, que esse acontecimento exige quando é celebrado.

Faltou vinho na festa. Maria toma conhecimento, juntamente com os serventes, isto é, aqueles e aquelas que serviam os convivas, e se dirige, imediatamente, a Jesus dando-lhe esta notícia: "Eles não têm mais vinho". Jesus parece responder de jeito um tanto frio e duro para com sua mãe. Mas não é essa a interpretação que se dá na mariologia. Jesus lhe diz: "Que queres de mim, mulher? Minha hora ainda não chegou". Maria não se assustou com essa resposta, pois conhecia o filho que tinha gerado e como Ele trabalhava na messe do Pai que o havia enviado a este mundo pela força do Espírito Santo. Toma nova iniciativa e dá uma ordem aos serventes: "Fazei tudo o que Ele vos disser". E assim foi.

O aspecto evangelizador que sobressai nesse parágrafo é a insistência que devemos ter quando nos dirigimos ao Cristo da fé, em nosso lento caminhar de evangelização que fazemos com o povo. Muitas vezes, nós mesmos temos preguiça de nos transformar em pessoas que exercem a paciência histórica com nós mesmos e com os grupos de evangelização que acompanhamos. Maria não se atrapalhou com a resposta do filho, mas continuou dando suas sugestões de como agir para que obedecessem àquele que tudo podia transformar.

Em tal contexto, Maria torna-se um impulso motivador de mobilidade, mesmo quando as palavras de Jesus são duras de entender. Tenhamos, portanto, **paciência histórica com o lento caminhar evangelizador de nosso povo e não deixemos de insistir com aquele que pode fazer da água vinho e braços para o Reino.**

7. Deixa-se olhar por todos

Romarias intensas acorrem a Maria para deixar-se olhar pela ternura de seus olhos e de seu afeto profundo (cf. 286). Não sem razão, e muito menos sem motivo cordial, que as pessoas romeiras se dirigem à Mãe com tanto carinho e dor pelas vicissitudes de uma vida mal aproveitada, mas aberta ao Espírito do Bem. A interpretação da canção-prece popular interpretada por Elis Regina, de autoria de Renato Teixeira, "Romaria", confirma o sentimento de dor e de pena que as pessoas romeiras levam para o santuário mariano. Parece ser a última cartada para acertar os desacertos da vida, como nos mostra o refrão: "Sou caipira Pirapora, Nossa Senhora de Aparecida! Ilumina a mina escura e funda, o trem da minha vida!"

Maria dirige seu olhar, lentamente, de baixo para cima e de cima para baixo ao pobre romeiro e a sua prece, como vimos acima. Esse olhar torna-se um ritual de bênçãos para quem busca luz para seu caminho transviado. O olhar é carregado de todas as boas paixões da alma e dotado de um poder gracioso que lhe confere uma grande eficácia, a eficácia da graça divina. O olhar de Maria, como "pastora" de seus filhos e filhas, é como mar que acaricia nossos pés com suas ondas da graça do Pai, é ainda o reflexo ao mesmo tempo das profundezas submarinas e do brilho que estas apontam para as coisas altas e cheias de significado que vêm do céu.

É desse modo que Maria leva todas as pessoas que a ela dirigem seu olhar, ao olhar do Criador que olha sua criatura com a ternura que a Mãe lhe passou até os doze anos de sua maioridade, na pessoa de Jesus. Esses dois olhares invocam-se um ao outro como instrumento das ordens interiores as quais consolam, mostram o caminho e enternecem os desaventos em olhares que revelam o Senhor na pessoa de sua Mãe.

Pode-se extrair desta breve reflexão um aspecto tantas vezes deixado de lado em nosso trabalho de evangelização. É o olhar previdente e oportuno dessa caminhada feita junto às comunidades de fé, ao povo do qual fazemos parte. Nem sempre estamos atentos e atentas à direção que os fatos vão tomando, enquanto programamos e distribuímos tarefas de trabalho. Nas várias direções diante das quais nos encontramos, é de grande importância que nosso olhar seja revelador dos caminhos apontados pela Mãe que nos quer pessoas em movimento e abertas para novas aventuras evangelizadoras e pastorais. **Se nosso trabalho evangelizador perder de vista a mobilidade interior da nossa fé, tanto quanto a mobilidade de nossas tarefas exteriores, estamos certos de que a direção apontada pela Mãe revela-nos a ação da graça sobre toda a obra empreendida.** Em tal empreendimento evangelizador não deixemos de respeitar o lugar que compete ao Espírito.

8. Mulher que fala às multidões e a muitos públicos

No contexto do processo de evangelização em mobilidade eclesial, não podemos afirmar que Maria tenha falado para um público como a mulher de hoje o faz, dentro e fora da Igreja. Mas também não podemos afirmar que Maria foi muda. Ela silenciou, mas não ficou tomada pelo mutismo. Na casa em que habitava com José, seu esposo, por quatro vezes ela falou e foi capaz de dizer **NÃO**. Quando recebeu a notícia que iria ser a mãe do Salvador, o Messias que o povo esperava há milhares de séculos, não aceitou logo ao ser notificada por essa novidade. Aqui Maria fala pela primeira vez, segundo o evangelista Lucas. Por fim, havendo, relativamente, entendido do que se tratava responde com liberdade e cheia de fé: **SIM**, sou a serva do Senhor e que se faça em mim aquilo que Ele mandar.

Pela terceira vez ela fala em público, pode-se deduzir. Porque se põe a caminho da casa de Zacarias para ajudar Isabel no trabalho de parto de seu filho, João Batista, o batizador, que precedeu a pregação do Reino de Jesus. Quando se sente confirmada ser a Mãe do Senhor, prorrompe em alta voz um Cântico de Ação de graças, que é o Magnificat. Aqui, ao mesmo tempo em que ela anuncia a chegada do Salvador que o povo esperava, denuncia os desmandos deste mesmo povo guiado por reis e imperadores desumanos e corruptos.

Finalmente, no Templo de Jerusalém, depois de três dias de angústia pela perda do filho que se deixara ficar junto aos teólogos da época discutindo sobre a Lei de Moisés, ao encontrá-lo, toma a iniciativa e lhe chama atenção por não ter falado que não voltaria com ela e seu pai. Maria falou o que pensava e para ela estava certo e na hora certa de falar. Ainda que pouco tenha compreendido da resposta do filho, guarda em si mesma, no silêncio, o prelúdio da abertura da Revelação que estava desabrochando. Nesse caso, o silêncio de Maria abre uma passagem que ainda se oculta para a maioria do povo. Ela marca um progresso da grande cerimônia, como falam as regras monásticas, do silêncio que vai revelar a face do Pai no rosto do Filho por Ele enviado. O silêncio envolve os grandes acontecimentos da vida e Deus chega à pessoa que faz reinar em si a grande cerimônia do silêncio.

Qual aspecto evangelizador esse silêncio cheio de significado pode nos sugerir? Em primeiro lugar, **não fazer de longas pregações, ou de longos cursos e jornadas, a essência de nossa vocação de evangelizadores do Senhor. Em segundo lugar, sempre deixar espaço para o Espírito que nos movimenta e conduz pelos caminhos da revelação do Pai Criador.** E por fim, anunciar e falar sim, mas sobretudo, escutar, ou melhor, auscultar como o médico nos ausculta por dentro. As pessoas de nossas Comunidades de fé, o povo em seu todo, podem nos falar e encontrar muitas coisas que brotam do Espírito Santo, e no entanto, encontrar nossos ouvidos surdos ao seu clamor.

9. Criadora de um jeito mariano de evangelizar

O documento afirma que

> ... há um estilo mariano de evangelizar dentro e fora da Igreja. Sim, porque sempre que olhamos para Maria, voltamos a acreditar na força revolucionária da ternura e do afeto. Nela vemos que a humildade

e a ternura não são virtudes dos fracos, mas dos fortes, que não precisam maltratar os outros para se sentirem importantes (EG 288).

Maria é a profetisa que proclama a justa vingança de Deus. As palavras do Magnificat[4] atribuídas a ela nos falam, em alta voz, do modo mariano de evangelizar. Em palavras mais simples, podemos dizer que o Magnificat de Lucas, inspirado no Cântico da matriarca Ana, mãe de Samuel (1Sm 2,1-11), celebra a inversão das condições estéreis de seu povo, transformando-as em condições históricas de benefício. Os fatos que Maria proclama nesse Cântico nos dão a entender tanto o modo mariano de anunciar a Boa Notícia, como o modo terno e humilde de proclamar a verdade das massas empobrecidas.

Podem ser destacados os versos ternos de um estilo mariano próprio de evangelizar: sua bondade se estende de geração em geração sobre aqueles que o temem (Lc 1,50); e exaltou os humildes (Lc 1,52); os famintos o Senhor cobriu de bens (Lc 1,53); veio em socorro de Israel seu Servo, lembrado de sua descendência (Lc 1,54). Esses versos não excluem os mais fortes e pesados em seu sentido direto, como: "Ele interveio com toda a força de seu braço, dispersou os homens de pensamento orgulhoso" (Lc 1,51); precipitou os poderosos de seus tronos (Lc 1,52); e os ricos despediu-os de mãos vazias (Lc 1,53). E assim poderíamos continuar encontrando outras formas do modo mariano de dar a Boa Notícia a toda a humanidade.

Nesse Cântico, Maria fala de duas categorias de pobres, tais como: os humildes e os famintos (Lc 1,52-53). A fala dessa mulher nos aponta para uma afirmação de que a pobreza que tira a dignidade das pessoas é programada pelos poderosos; que os pobres e os humilhados são apenas um dos resultados de tal programação[5]. Dentro desse quadro, propor uma mudança de situação significa desestabilizar a chamada "ordem econômica do mercado". Quer dizer que esse processo gerador de caos e de injustiça exige uma mudança de estruturas e de mentalidade; significa dizer, ainda, que a sociedade não está vivendo dignamente, mas apenas consegue sobreviver em meio aos graves conflitos e contradições da verdade.

Maria proclama que essa ordem econômica e social deve mudar a partir da transformação encabeçada pelas massas empobrecidas, pelas pessoas e espoliadas, as quais encontram em Deus o Grande Sujeito de mudança, pois a revolução que Maria proclama é divina. Deus, porém, age por meio de mediações históricas. Maria se apresenta como a Serva que acolhe o plano de Deus, e ao colocar-se do lado de seu povo ela o chama de Servo a quem Deus socorre (Lc 1,54). Hoje, somos nós as servas e os servos que agem junto ao povo para transformar as situações de morte com uma mudança revolucionária, a mudança proposta no Cântico mariano do Magnificat.

É possível realizar tal mudança sim, a partir do momento em que nossa opção pelos humilhados e famintos seja arrancada de nossa fé que se manifesta no seguimento de Jesus e no compromisso pelo Reino que Ele nos deixou como ensinamento e herança de todos os tempos. Realidade e fé, portanto, são dois elementos irrenunciáveis da dimensão evangelizadora de nosso empenho com o projeto revolucionário proclamado por Maria, a Serva do Senhor.

Os aspectos evangelizadores e pastorais extraídos do Cântico de Ação de Graças de Maria podem ser relacionados desta forma: anunciar que a bondade de Deus Pai, de Deus Filho e de Deus Espírito Santo se estende sobre todas as gerações; cultivar a ousadia evangélica de se colocar do lado da pessoa mais fraca em todos os sentidos, sobretudo quando esta é motivo de críticas por parte de seus mais próximos; compartilhar com quem precisa porque os bens vêm de Deus e de sua Graça infinita; socorrer sem medo as pessoas que pensam e praticam uma crença diferente da nossa.

Tais aspectos não excluem aquele modo de evangelizar que nos pede maior profetismo no sentido de que se deve intervir com a força de nossa fé; **denunciar os programas de morte, os escândalos públicos de todos os segmentos da sociedade, sejam eles de natureza religiosa ou de natureza política.** É essa a situação que estamos vivendo neste momento em nossa sociedade, aguardando com ansiedade uma posição de nossos pastores para que se pronunciem pela verdade que está em um jogo pesado demais para o pobre povo brasileiro.

CONCLUSÃO

Destaco três pontos.

1. Mateus, considerado o catequista do Novo Testamento, deixa-nos um estilo novo de ensinar: rompe as barreiras culturais ao escrever a descendência de Jesus e o lugar de Maria nessa descendência davídica. Começa por nos mostrar que partir da realidade de cada contexto é meio caminho andado no processo de uma pastoral evangelizadora. Ainda, avança em sua aula que o protagonismo de Maria não exclui o movimento de seu esposo José que soluciona a crise pela qual passou. Mais ainda: abre a vertente da continuidade dos dois Testamentos ao se apoiar nas grandes figuras que deram um Norte de fé ao povo messiânico.

2. Para Lucas todos nós somos Teófilos e Teófilas, aprendizes na pesquisa das fontes autênticas. Tido como o evangelista do Espírito Santo e da defesa dos pobres (Lc 6,20-26), dá a palavra a Maria tornando-a uma mulher com visibilidade e determinação próprias, não só no movimento do Espírito Santo que a interpela, mas em todas as situações cotidianas e da tradição cultural judaica, cristã e religiosa. Ouso dizer, sem afirmar, que Maria em Pentecostes, juntamente com as outras mulheres e membros da família de Jesus, seja a mulher fundadora das primícias da Igreja em sua dimensão feminina que se desenvolve até os confins da terra, pelo anúncio feito por elas.

3. Finalmente, desejo a todos e a todas que saiamos daqui com uma humilde e breve amostra de um estilo mariano de evangelizar nossa pastoral de uma "Igreja em saída". Para tanto, é fundamental deixar-nos envolver pelo movimento provocado pelo Espírito que desceu na Anunciação do Senhor, esteve junto a Ele durante toda a sua vida oculta e pública até sua morte e ressurreição. Em contexto da ressurreição, Lucas deixa um legado a ser aprofundado ainda, mas que pode abrir os olhos das mulheres de todos os tempos quando narra o encontro que tiveram na manhã da ressurreição com o Cristo da fé. Nessa ocasião, **o Ressuscitado dá a elas o mandato indicativo de anunciar a Boa-Nova trazida por Jesus, o Filho de Deus e o filho de Maria.**

Lina Boff
Professora emérita da PUC-Rio, realiza projetos elaborados pelo Centro Loyola de Fé e Cultura, membro colaborador da Pontifícia Academia Mariana Internacional (PAMI), membro da União Internacional da Família Servitana (UNIFAS), à qual pertence como religiosa consagrada. Como teóloga, pesquisa, elabora e publica sobre temas e temáticas com forte vertente bíblica, passando pela Patrística, pela Sistemática da Pneumatologia, da Sacramentária, da Escatologia até a Mariologia, curso no qual dá aulas na pós-graduação de lato senso de Aparecida e Taubaté, além de prestar assessoria sempre que solicitada. É pesquisadora e publica livros e artigos em várias revistas nacionais e internacionais.

NOTAS

[1] A lei da sacramentalidade se constitui em todos os gestos da liturgia e da vida que apontam para o Sacramento Único do Pai que é o Cristo. A pessoa de Maria, na visita a Isabel com a finalidade de ajudá-la em sua necessidade, aponta para o chamado recebido pelo Anjo que lhe dá a notícia e ela age movida pelo Espírito.

[2] A charmosa vila de Ain Kerem, situada no declívio ocidental de Jerusalém, é um destino popular tanto para peregrinos quanto para locais, com suas igrejas e monastérios, românticos cafés e restaurantes, e montes verdes perfeitos para caminhadas. Esse local é conhecido desde o tempo do profeta Jeremias, que aconselhou as crianças da tribo de Benjamim a "No topo de Bet-Acarem erguei uma bandeira!", quando invasores estrangeiros se aproximavam de Jerusalém (Jeremias 6,1). Mas para os peregrinos cristãos Ain Kerem tem um significado especial por ser a cidade natal de Zacarias e Isabel, os pais de João Batista, e o local da Visitação, onde Maria, a mãe de Jesus visitou sua prima Isabel antes do nascimento de João. http://www.holyland-pilgrimage.org/pt-pt/ein-karem-lar--de-jo%C3%A3o-batista-e-local-da-visita%C3%A7%C3%A3o

[3] L'ora di lettura/1, 173-174: Inglês de nascimento, mas francês de formação, Isaac viveu em vários mosteiros antes de se tornar abade em 1145. Fundou um mosteiro com o intento de seguir com rigor a regra de São Bernardo, do qual segue o mesmo caminho. Sua reflexão teológica se inspirou no tema das núpcias de Deus com a humanidade, na Igreja. Morreu em 1169, no mosteiro em que viveu.

[4] Cf. BOFF, Clodovis, *Mariologia Social*. O significado da Virgem para a Sociedade. S. Paulo: Paulus, 2006, p. 333s.

[5] Cf. BOFF, Lina. "Dal Magnificat ai piedi della Croce", in *Accoglienza ispirata a Maria*. Atti del IX Convegno della Famiglia Servitana. Segretariato UNIFAS, Roma, 1993, 95-115.

REFERÊNCIAS

BOFF, Lina. *Como tudo começou com Maria de Nazaré*. Rio de Janeiro. S. Paulo: LetraCapital & Academia Marial, 2017.

_____. *Espírito e missão na obra de Lucas-Atos*. Para uma teologia do Espírito. S. Paulo: Paulinas, 2003.

_____. *Espírito e missão na teologia*. Um enfoque histórico-teológico: 1850-1930. S. Paulo: Paulinas, 1998.

_____. *Espírito e missão na prática pastoral*. Acre: 1920-1930. S. Paulo: Paulinas, 1997.

_____. *Nascendo o Criador da criatura*. Maria em seu mistério. Rio de Janeiro: LetraCapital, 2016.

_____. *Mariologia*: Interpelações para a vida e para a fé. Petrópolis: Vozes, 2019.

_____. *Aparecida*: 300 anos de romaria em prece. S. Paulo: Paulinas, 2017.

_____. "Maria no contexto da evangelização da Igreja à luz do Vaticano II". In *Maria na liturgia e na piedade popular*. S. Paulo: Paulus, 2017.

_____. "Resgatar a humanidade de Maria como profetisa é colocar as grandes questões do feminino!" In *ibidem*, 2017.

_____. "A devoção mariana na América Latina e Caribe: entre o popular e o oficial". In *Aparecida*: 300 anos de fé e devoção. S. Paulo: Santuário, 2017.

BOFF, L. *O rosto materno de Deus*. Ensaio interdisciplinar e suas formas religiosas. Petrópolis: Vozes, 1996, p.165-177.

BOFF, Clodovis. *Mariologia Social*. O significado da Virgem para a sociedade de hoje. S. Paulo: Paulus, 2006.

BUCKER, Barbara Pataro. *O feminino da igreja e o conflito*. Petrópolis, Vozes, 1996.

DICIONÁRIO DE MARIOLOGIA. S. Paulo: Paulus,1995: verbetes: Encarnação. Espírito Santo.

FIORENZA, E. *O papel da mulher no movimento cristão primitivo*. In Revista Concilium, n. 111, p. 6-17, 1976.

FREYRE, Maria da Silva. *A linguagem Mariológica dos Padres Capadócios*. In Atualidade Teológica, p. 607-622, 2018.

GRUPO ECUMÊNICO DE MULHERES. *O lugar da mulher*. São Paulo: Loyola, 1990.

JOÃO PAULO II. *Mulieris Dignitatem*: Carta Apostólica sobre a Dignidade e a Vocação da Mulher por ocasião do ano Mariano, n. 60. São Paulo: Loyola, 1988.

MÜHLEN, H. *El Espíritu Santo en la Iglesia*. Salamanca: Secretariado Trinitario, 1974.

PINKUS, L. *O mito de Maria*. Uma abordagem simbólica. S. Paulo: Paulus, 1991.

VERGES, S. *Imagen del Espíritu de Jesús*: Persona y Comunidad de Amor. Salamanca: Secretariado Trinitario, 1977.

ÍNDICE

Introdução 3

1. Maria no movimento do Espírito em Mateus 5
   1. O protagonismo do Espírito nessa genealogia 6
   2. O protagonismo do Espírito em José 6

2. Maria no movimento do Espírito em Lucas 9
   1. O Espírito cobre a jovem de Nazaré 10
   2. O Espírito movimenta o casal de Nazaré 12
   3. O Espírito desconhece a lentidão 13
   4. A mulher Maria ouviu a voz da mulher Isabel 15
   5. Maria, a mulher leiga no movimento do Espírito 17

3. Um jeito mariano de evangelizar 21
   1. O Espírito que desce em Maria movimenta
      a evangelização pastoral 22
   2. Maria é próxima de cada pessoa 22
   3. Geradora do autor da Nova Criação 25
   4. Mestra que ultrapassa os tempos 27
   5. Transformadora de situações complexas 29

6. Atenta às necessidades humanas 31
7. Deixa-se olhar por todos 33
8. Mulher que fala às multidões e a muitos públicos 35
9. Criadora de um jeito mariano de evangelizar 36

Conclusão 41
Notas 43
Referências 45

A marca FSC® é a garantia de que a madeira utilizada na fabricação do papel deste livro provém de florestas que foram gerenciadas de maneira ambientalmente correta, socialmente justa e economicamente viável.

Este livro foi composto com as famílias tipográficas Lithograph, Lithos Pro e Segoe e impresso em papel Offset 70g/m² pela **Gráfica Santuário.**